JN438253

이렇게
마주 보고 있는데도

시와문화의 시집 007

이렇게 마주 보고 있는데도

정종연 시집

시와문화

|시인의 말|

지난 세월 속에 늘 과분한 사랑을 받기만 하고, 하릴없이 세월만 흘려보내며 그냥 지나왔다. 배움이 부족하고 실천도 모자란 내가 이제라도 궁핍한 가슴에서 세상을 향해 나누어 줄 수 있는 것은 시(詩)뿐인 것 같다.

기쁘면 기쁨을 슬프면 슬픔을 나누어 갖고. 단 몇 줄기뿐일지언정 내 가슴을 태우며 나누고픈 것들. 더불어 살아가는 이 시대 사람들과 어떤 상황 속에서도 작은 가슴을 흔쾌히 열고픈 마음이다. 오직 내게 유일한 것은 소중한 것 하나를 실천할 수 있는 용기를 가진 것이라 하겠다.

영혼이 맑은 샘물 같은 언어를 꺼내지 못하면서 꿈 하나만으로 이룰 수 없는 세계를 침범한 내 허물은 앞으로 끈질긴 열정 속에 바르게 다듬고 다시 새기면서 하나하나 벗으리라.

이 시집은 나 혼자만의 것이 아니다. 보잘것없는 나와의 인연 속에 부대낀 수많은 사람과 자연이 주인공들이다, 그분들과 그 모든 것들에게 고마움을 전한다.

2010년 만추

정종연

|차　례|

제1부 등에 기대다

제2부 징검다리

제3부 내 마음에 핀 꽃

제4부 후회 없는 선택

제5부 동행

제1부
등에 기대다

가로수 둥지

가로수에 그네들이 산다
푸르른 계절 우거진 나무들
도심 한복판에 집 한 칸 마련하고
스스로 단란한 둥지를 튼다

사람들이 오가고 붐비는
택시가 달리고 버스 지나가는
아이들 뛰어노는 모습

다 바라볼 수 있는 공간

바람이 짓궂게 건드는 조심스런 일상 속에
무심히 놀다 가는 구름을 바라본다
부채질해 주는 이파리들 사이로
이글거리는 태양의 눈빛 피하며
새들과 흥겹게 노래한다

안도할 수 없는 동거

오가는 걸음이 멈추지 않아도

내 눈동자는 항상 멈추어 선다
낙엽 되어 떠난 하늘 끝 그 동네
가지치기에 철거되는
떠올리고 싶지 않은 기억을 움츠리며.

새벽

오랜 기다림 속에
긴긴 터널을 뚫고
숱한 별을 세던 어둑새벽
여명의 빛
단 몇 분 만에 날이 샌다

온몸 뒤척이며 뜬눈 지샌
지난밤 붙들던
거꾸로 가는 시간마다
갈가리 흩어지는 번뇌

난데없는 바람이 폐부를 가른다
다시 어둔 그늘 드리우고

밝은 나날들
꽃 피는 새들의 세상
먹구름 파고가 일더니
무지개창이 펼쳐지는 계절은 어데 가고
아우성 계절만
지난날 녹슨 문을 닫고 있다.

내 고향

내 고향 함평천지
허나 이젠
이국 땅 어느 마을처럼
아득히 먼 발길이다

한양천리 멀다 해도
런던 파리도 이웃 같은 지척인데
그리운 흙내음
코끝에만 잠시 머물고

맡고파라
온갖 나비와 함께

춘란에 마음 싣고
어깨춤을 덩실덩실 추려는데
내 발끝이 지금 너무나 멀구나.

세밑에서

창밖에 비가 내린다
가는 해를 밀며
찬 눈물 흘리는
세밑 햇살

달력에 기대어
검은 머리를 만지는 나에게는
한 줌 더
흰 서리가 쌓이고

목도리를 두른 세찬 바람을 가르며
허공에 뒤척이는 내 몸이
백발 지구와 함께 돌고 있다.

바람이 부는 날

살아 움직이는 바람
내 손 잡아당기고
발길 머문 낙엽이
바람 속에 바람이 된다

숨죽인 정적을 깨는 생명체처럼
바람의 나라 동반한 한 줄기 빛
송두리째 그 땅을 휘감는다

항거할 수 없는 힘
나는 아직 알 수 없다
바람이 불어도
외투도 걸치지 않는 태양
그 눈빛, 차마 바라보지 못하고 있었다.

소래포구에서

포구에 바람이 분다
바닷가에서 바닷바람이 아니 불고
웬 바람이 차다

갈매기의 구슬픈 소리를 듣는다
한여름 찬바람이 쌩쌩 불어오는 해질녘
고즈넉한 추억 속에 서성이며
갯벌이 사라져 간
어느 틈엔가 서 있다

돈 타령, 땅 타령, @파트 타령
타령타령 타타령 타령
얼씨구 절씨구 얼쑤
하늘땅에 민요 악보를 그려놓고

바다에 누워 만선 꿈을 꾼다
대륙에서 부는 바람에 잠든 포구
등대를 대신한 아파트 불빛 말없이 바라보다가
바다를 끌어안고 포구로 발걸음 재촉했다.

바위

나는 왔다 가도
너는 늘 거기에 있고

너는 그곳에 있는데
나만 또 오고 간다네

계절이 바뀌는 모진 풍상에
육신 으스러진들 그 마음 움직일까

언제나 그대로인 널 움직일 순 없어도
언제든 내 발길 찾아갈 수는 있겠지

수많은 나날 외로운 시간 속에
네 뼈와 살로 키운 한 그루 소나무가 날 반기겠지.

아차산성

널따란 서토를 눈앞에 두고서
정녕 한강수가 그리웠던가
태왕의 말발굽은 대륙을 호령하고 있건만

삼족오 깃발이
산성에서 휘날리는 것을 원치 않은
장군의 울분
어찌 외면하고
말머리를 남쪽으로 돌려
아차! 아차!
소리만 남겼단 말인가

이미 흘러가 버린 강물에
억장이 무너지는
천 년 회한을 새기고
아무리 통한의 폭우를 내동댕이치려 해도
마른 하늘은 눈물 한 방울 꿈쩍하지 않아

이제 와 심장이 터져
말 달리던 광야를 노려보건만

반쪽 가슴에 통증만 깊어가네.

겨울비

흰 눈을 만들다가 실패하였는지
방울방울 도망쳐 나온다
줄줄이 쏟아지는 아우성
밤새 긴 탈출 이어지고
며칠 간격으로 웅덩이가 만들어지고 있다
어떤 날은 봄인가 싶기도 하여
햇살에 맨살을 보여 주기도 했다
목 탄 대지는 벌컥벌컥 들이켜 푸릇푸릇한데
봉숭아물이 선명한 손톱을 만지면서
아이는 눈사람을 기다리고 있다
미끄러지듯 설원을 나는
어른거리는 낯선 꽃송이를 꿈꾸지만
공중에서는 구름이 훌쩍이고 있었다.

양파

한 겹
한 겹
껍질 벗기며
찾는 속살

혹시나 벗기면
또 껍질

한 방울
두 방울
흘리는 눈물

가슴속에 숨겨진
하얀 양심.

부산 바다

부산에 가면 아침 햇살도 낯설다
누군가 부를 것 같은 느낌
뒤돌아보면 희미한 기억 속에
꽃잎처럼 바람에 걸린 태종대 슬픈 사연
해운대 모래성, 오륙도 가슴팍을 오가는 연락선
자갈치시장 아지메의 반김뿐

언제부턴가
부산항이 미소를 머금는다
부산 갈매기가 나를 부른다
작은 엽서에 교향곡처럼 전해오는 시심
난 처음으로 느꼈다
수평선 건너오는 남녘 내음을

왜곡된 파도가 아닌
잔잔한 물결 그대로의 모습
이백 자 빈칸 위를 서성이는 시인을 부둥켜안고
겨울바람으로 바이올린을 켜는
꿈꾸는 바다

부산항이 손짓한다
부산 바다가 나를 찾는다
바다가 부르는 물보라 그리움에서
요동치는 가슴
아파할 수 없는 삶을 쏟아내는
갈망의 빛 그림자
번뇌의 파도가 춤추는 그곳에 가고 싶다.

낙엽

노란 은행잎이
마지막 계절을 붙드는
텅 빈 오후

거리마다 떼거리 바람이
인정 없는 심술을 퍼붓는다

간신히 식어가는
태양을 부축해 보건만
무거운 침묵 흐르고

가는 이 어디로
오는 이 어디서
언뜻언뜻 겹치는 물음

끝내 알지 못한 채
서글픈 그림자만 자욱하다.

등에 기대다

홀로 서 있다가
서로 등을 기댄다
어디서부턴가 후끈거리고
강렬한 힘이 솟는다
그래, 지금 이 순간처럼
둘이 함께하면 좋겠다
기댈 수 있고
돌아서면 마주 볼 수 있어서
그렇게 살라고
사람 인(人)자가 생겼는가보다
무척이나 시린 날인데도
온몸 참 따뜻하다.

구봉산

봉올봉올 꿈을 넘는 아홉 봉우리
저마다 깊은 사연 담아
운장산으로
운일암 반일암을 안고 용담으로
미친 듯 미친 듯이 달리며
운무에 잠든 미풍을 깨운다

오르고 싶었다
구름이 잠들다 가는 보금자리
보듬고 싶었다
시름겨운 땀방울에 드리운
애교스런 그늘

조용히 고추 따는 아낙네
탄 가슴을 씻기는 바람이
산자락에 몸부림친다.

제2부
징검다리

보름달처럼

언제나 밝은 달입니다
부족함이 많은 만큼
채우고 나누는
거울 같은 보름달이고 싶습니다

욕망 창을 열면 탐욕의 탑이 서 있듯
모든 것 다 비우고
우리가 함께 웃음 짓는
오직 마음의 창 활짝 열고서

기쁘거나 슬프거나
그대로의 미소만으로
위안을 주는
한가위 그가 아니라 해도

자신 위해 애절함을 달래지 않는
나로 말미암아 아픔이 되지 않는
꽉 찬 둥근 달처럼
세상을 보듬는 빛이 되고 싶습니다.

짝사랑

창가에 기대어
아침을 닫는다

고게 무얼까?
돌아오지 않는 햇살
잔인한 추위
만남의 씨앗

형편없는 상상에
떠오른 얼굴

어쩌자고 이토록
내 환영에 머무는가.

내 마음에 핀 꽃

당신은 내 마음에 핀
나는 그 속에 머무는
꽃과 나비

봄바람 타고 날아왔나
바다에서 파도에 실려 왔나
뜨거운 심장에 걸린
씨앗

이 가슴 태워 가며 꽃망울 피우더니
그윽한 꽃향기에 취하고
미소 짓는 꽃잎에 반하는

당신은 한 송이 꽃인걸요
내 심장의 맥박으로 핀.

유일한 마음

내 마음 하나인데
내 사랑이 둘일까요

내 사랑 하나뿐인데
내 마음이 두 개일까요

유일한 내 마음에는
둘도 없는 내 사랑뿐

내 가슴에 핀 장미
그대 가슴에 피는 꽃

오직 한 송이
너 하나뿐이거늘

그대 냉장고에 가득 찬 내 마음
어찌하라고

당신에게만 타오른 불꽃
어찌할까요.

욕심쟁이

당신이 받고픈 사랑은
밑 빠진 항아리
붓고 부어도 차질 않고
쉼 없이 담아야만 하네

주고픈 나의 사랑은
당신에게 흐르는 샘물
퍼내고 퍼내어도
마르지 않고 흐르네.

핏줄

얼마나 그리운지
너무나 사랑해서

모르겠습니다

못 견디게 보고픈
가신 다음에야 밀물처럼 밀려오는
그 빈자리에서
태산보다 높고
우주를 품고도 남을 사랑

당신을 향한 이기적 원망이 아니라
저 자신도 목숨처럼 사랑했음을
이렇게 정말 사랑한 줄 몰랐습니다
사랑합니다, 당신!

때늦은 뒤안길에
용서 이전에 한 가지만 간직하면 안 될까요
후회 가득한 사랑이라 해도
당신을 사랑했습니다.

사랑

너와 나
둘이 모아
하나를 이룬 것

나 혼자서는 힘에 벅차
둘 이상은 시새움에 곁눈질만 하여

오직
너와 나
둘이서
촛불을 켜는 것

우린
늘 푸른 하늘같은 이 그리움으로
난 너만 생각하고
넌 나만 보고파 하고

어제도 내일도
오늘 또한 마찬가지.

이렇게 마주 보고 있는데도

그대 심장에 파묻고 싶다
이렇게 마주 보고 있는데도
둥근 달 아른거리고

보고프지 않아도 보고픈
보고파 할까 봐

별을 줍던 수많은 밤
홀로 감추다가

아침 햇살에 들켜
날만 샌다.

한 가지 소망

그대에게 하고픈 말은
사랑합니다, 이 한 마디뿐인데
당신은 많은 얘기를 듣고자 합니다

그대에게 드리고픈 선물은
장미 한 송이뿐인데
당신은 많은 것을 갖고파 합니다

그대에게 보여 주고픈 것은
마음 하나뿐인데
당신은 나의 모든 것을 보고파 합니다

그대와 가고픈 길은
백 년 가는 그 길뿐인데
당신은 이곳저곳을 가고자 합니다.

김장하는 날

겨울 햇살 붙들어
배추에 버무리는
아이 손까지 분주한 하루

이 세상 그 어느 날보다
훈훈한 손맛이 더해져
포기마다 김장독 가득
쌓이는 사랑

애야, 좀 쉬어라
괜찮아요, 이제 찜질방 가요
어깨도 주물러 드릴게요

그날은 뭘 먹었는지
마냥 배부르네.

철없는 아이

어머니, 당신의 사랑은 얼마나 깊으신가요
퍼내고 퍼내어도
아기가 자라서 희끗 머리를 심는
마라톤의 반환점에 이르러서까지
쉼 없이 퍼내고 있건만
한 방울도 줄지 않고 넘쳐흐릅니다

어머니, 당신의 가슴은 어떤 용광로인가요
지구가 꽁꽁 언 순간에도
세상을 홀로 짊어지고서
가슴에 쓸어 담아 녹이고
포근한 꿈이 피어나는 삶을
언제나 나누어 주십니다

강물이 되어 흐르는 세월
봄인가 싶더니 여름을 재촉하는데
이제는 아이의 아이까지 그리는 당신
밝고 고운 둥근 달을 가져간 세월 붙들고
가지 말라 오래오래
그 사랑 받게 해 달라고

아직도 철없는 응석을 부려 봅니다.

첫 키스

나도 몰래
찾아 버린 큰 기쁨

산책 나온 둥근 달
밀어를 즐기던 별님
구름 틈에 고개 내밀다가
슬그머니 눈 감는다

엉겁결에 바라보게 된
우주의 한 모퉁이에서
함께 어우러지는 사건

굳게 닫힌 신비한 문
시나브로 열리고 있었다.

알 수 없는 병

아파요
난 지금 몹시 불편해요
어디가 아픈지 모르지만
당신께만 말할 수 있어요
시간이 지나면서 알았어요
날이 갈수록 깊어 간다는 것을
의사의 진찰도 소용없고
약사도 처방할 수 없는
허준, 대장금의 진맥도
나 스스로도 모르겠어요
다만, 그대 위해 그 무언가를 하지 않으면
창자가 끊어질 듯한 통증

오직
당신만이 나의 주치의입니다.

징검다리

아무도 건널 수 없는 강
어떤 고통이 흘러도
비 갠 하늘 무지개처럼
깊고 푸른 그리움이 건널 수 있는
당신만의 징검다리입니다

달빛 미소에 가려
차마 꺼내지 못한 사랑앓이
숨결처럼 그대 곁에 머물면서
하루만 기쁜 그 오작교가 아닌
언제든 오갈 수 있는 다리를 놓았습니다

당신은 건너오지 마세요
방긋한 꽃다발 한 아름 들고서
그냥 손짓만 하세요
주저 않고 달려갈 수 있는
당신의 하나뿐인 다리입니다.

결혼기념일에

전화벨 속에서 초등 3학년 막내딸 목소리가 들렸다
"아빠! 오늘 무슨 날일까~요?"
봄바람이 불어오는 공간에
금세 파도가 일렁거렸다
"글쎄 뭔 날일까? 음~ 엄마랑 아빠랑 각시와 신랑이 되는…"
"빙고!"
은하수가 빛나는 듯한 안도의 물결
뜨거운 기운이 끌어당기듯 흘렀다
"와! 아셨네요"
"그럼 알지. 녀석! 잊었을까 봐"
"그런데 어쩌나 오늘 늦을 것 같은데"
순간 전화선을 휘감는 한숨
"엄마가 슬퍼해요 일찍 오시면 안 될까요"

기계음 속에 아른거렸다 겹쳐지는 얼굴들

덜컹거리는 소리가 가슴을 후벼댔다

발길은 꽃집에 머물고 있었다.

제3부
내 마음에 핀 꽃

유채꽃

봄의 체온으로 핀 꽃
그 향기에 봄이 가려 하네
천지간 머문 천사의 미소
철쭉도 시새움에
여름을 재촉하네.

백목련

간직하고픈 꿈 모아
하얀 미소에 담고
깊은 정성으로 핀
한 송이 소망

아지랑이 춤추는 산천에
순백의 주단을 깔아
그리움 머무는데, 하염없이 바라만 보는
다가갈 수 없는 봄볕이
타는 연꽃처럼 물들이고

사랑하다 지쳐버린 흔적
풀어헤쳐 허공에 날리며
하늘 향한 옹알거림에도
바람처럼 흩어진다
가슴에 핀 하얀 꽃잎만 남고.

제비꽃

비탈진 오솔길 따라
고단한 발걸음 반기는
보랏빛 향기

옹기종기
기다림에 젖어드는 그리움을
다 풀어 놓는다

일렁이는 심해 잠재우듯
자유로이 날아가는 제비처럼
그러고 싶은 하루

이제 몸부림치고 싶다
푸르른 날을

내 마음 어디에서부턴가
뚝뚝
꽃잎이 흩날리고 있었다.

민들레꽃

어느 길 가장자리에
햇살이 머뭇거린다
가슴속 깊은 속살을 연
노란 그 손수건 앞에서

무슨 사연이 있어
어찌할 수 없는가
가냘픈 마음 굳게 다지는
외로운 발길

바람이 밟고 꺾으려 해도
쓰러지면 눕고
일어나서 다시 피워

민들레 홀씨처럼
그대 향한 등불이 되어
난 어느새
그 곁으로 흩어진다.

접시꽃

태풍이 지나간
여름 사잇길

하늘 향한 미소가
옷소매를 당기네

하고픈 말 간직한 듯
꽃잎을 물들이고

가냘픈 접시에
마음 하나 놓고선.

엉겅퀴

아무도 알아주지 않는
이름 없는 들꽃이 되어도
풀잎과 어깨동무하고
조용한 바람의 연주에 춤춘다

아이들이 꺾고
또 뽑으려 해도
농부가 잡초라 해도
흔들리지 않은 미소

보릿고개 넘던 시절
뜨끈하게 배를 채워 주던
곤드레만드레처럼
외로운 들판에서 날 반긴다.

호박꽃

텃밭에 넝쿨 펴고 누면
꿀벌이
심심하면 짓궂게 구애를 한다

침을 잔뜩 발라 놓고
키스인가 뽀뽀인가 입맞춤하고선
성형미인 아닌
그냥 네가 좋다고

나는 널따란 치마폭에 안겨
보았다, 커다란 달덩이를
달콤한 꿈 같은.

국화 향기

한 무더기 구름 사라진 듯
아무 그림자도 없이
방긋 웃는 얼굴

침묵의 강 건너
우두커니 서 있다가 멀거니 바라보며
지울 수 없는 환영
산들바람에 실려 보낸다

가을 속으로 빨려 들어가는 그리움
그대 향기에 깊숙이 묻고

간절한 두 손 모아
한 송이 또 한 송이
손 내밀며 다가가
견딜 수 없었지만 무슨 말도 하지 못했다.

억새꽃

산들바람 붙들고
가느다란 숨결 안겨

앙가슴 풀어헤친
가을 능선 따라
하늘하늘 춤추는

솜털 같은 그리움 자락에
펼쳐진 하얀 꿈길

울고 간 가시내가 쏟아낸
보고픈 얼굴.

낙산 일출

여보시게
저기 쪼깐만 보소
웬 것이 알싸하게 꿈틀거리네

내 얼른 그물 챙길 테니
자넨 꼼짝 말게
여기서 그냥

불쑥 내민 천지개벽의 생명체
붉은 잉걸불 하나
침묵의 낙산을 바삭 깨뜨린다

그 순간 그물에 걸린
우주 반쪽.

서산 노을

큰일이다
서산이 마구 탄다

구름도 불붙어
시뻘건 하늘

하던 일 잠깐 멈추고
불 속에 몸을 담글 테니

나를 찾는 이가 있거들랑
금세 못 돌아온다고 일러 주오.

운일암 반일암

구름이 몰려오고
바람이 달려가고
늘어진 햇살 혓바닥이 계곡을 핥고
물살은 물보라 일어 천 년 바위에 부서지고

구름이 밀려오고
바람이 실려 가고
맑은 물을 하늘에 담고
푸른 산은 병풍을 치고

구름이 머물다 가고
바람이 쉬었다가 가고
태양은 달구어진 몸을 담그고
세월은 번뇌를 씻기고.

내장산

얼굴이 빨개졌어요
가슴이 두근두근
갑자기 울고 싶고

바쁘신가요
색동옷 곱게 차려입고
온종일 기다렸어요

졸라대고 싶고
하고픈 얘기도 많아
파란 호수 위에
불타는 산 그림자를 그려놓았어요

당신을 향하여
타는 불길
꺼질 줄 모르는데

술 한 잔에
불그스레한 마음
아! 부끄러워요.

제4부
후회 없는 선택

화양리 골목시장에서

항상 지나는 길
가지 않으려 해도 발길 닿는 곳
이 골목에 들어서면
생생한 흔적이 살아 숨쉬고
가슴 적시는 정이 흐른다

물건을 파는 이, 사는 사람
구경 온 사람, 그냥 걸음을 재촉하는 이
모두 한데 어우러져 주고받고 사고팔며

나는 귀갓길을 잊은 채
이곳저곳……
이 물건 저 물건……
그러다가 단골가게에서 세상인심 주워듣는다
막걸리 한 사발 들이키며

보이지 않는다
사고파는 거짓
숨겨놓은 비겁
……

"싱싱한 먹갈치 사세요", "아줌마! 채소 한번 보구 가요"
삶 소리만 골목길에 울려 퍼지고
자신만의 치열함은 없었다

어둠이 별빛을 점등함에 따라
오가던 사람들은 어디론가 돌아가고
그 자리엔 기쁨 하나
보따리에 싼 흔적만 남아 있었다.

옥상에 올라

꽃샘잎샘이 겨울을 늘여 주는
춘삼월 오후
커피 한 잔 따라
잠원동 어느 사옥 옥상에 올랐다

먹구름의 가설무대가 철거되고
태양만이 환한 불 밝히는
텅 빈 하늘

안경이 밝아지며
멀리 바라보니
남산이 손에 잡힐 듯
63빌딩도 건너뛸 만큼
바로 옆에 다가서 있다

그런데 누가
순간 담뱃불을 켰다.

그들과 술통에 빠지던 날

벗, 그들과 술통에 빠졌다
밤새 허우적거렸다
처음에는 그들의 얼굴 보이더니
천장이 빙빙 돌고
또 별이 되어 가고

아침 해가 겨우 건져 내었는데
수면실에서 둘
회복실에서 한 명
응급실에서도
또 어떤 이는 시체실에서

나는 종합 상황실에서 그렇게 발견되었다
술통에 안긴 채
가감승제로 고꾸라져서.

초콜릿

바라만 보아도 달콤새큼한
검은 눈동자에 녹아드는 숨결
할 말 가득한 입안에서
숨죽인 두툼한 낱말이
가슴속에 숨겨진 뭔가를 더듬는다

너에게만 할 수 있는 표정
너하고만 하고픈 얘기
갈증 난 입술에 머뭇거리다가
빼앗길 수 없는 마음 담은
초콜릿 하나 포장하였다.

동창생

누구를 만나든
한결같이 그림을 그린다

어디서든 언제든
그 시절 그대로 화폭에 담고

여백이 절반 채워진 가을
변하지 않은 벗들을 바라보면서

새벽별이 가는
귀갓길을 잊는다.

9회말

"따~악" 끝냈다
포기하지 않은 하얀 점이
위대한 포물선을 그리는 순간

누가 먼저라 할 것 없이
아이와 난 어깨동무를
하였다, 동지처럼 친구처럼
얼싸안고 모든 소리를 토해냈다

우린 하나의 함성을 즐기는데
녹색 그라운드에는
서로 다른 눈물이 뒤범벅이었다
멈춰 버린 발걸음이 움직인 줄 모르고.

관심

하는 일, 사는 곳
어디인들 무슨 관심일까

평소 생각하는 손길
그것 하나면 늘 고마운 것을

그래, 강남 둥지 아니라 해도
파란 지붕 밑
내 발길 머무는 곳이 보금자리이거늘

여보게! 시간 되거든
마음 둘 공간
한켠만 내어 주게나.

봄길

아지랑이 꿈틀거리는 언덕에
살던 눈은 여전한데
물오른 가지마다
야윈 계절이 포동포동해지네.

봄비 내리는 휴일

나무들이 싱글벙글 웃었다
목마른 순간
아무래도 우산을 쓸 수 없었다
대지를 차갑게 식히는
어제는 덥다, 지금은 춥다는 변덕스러움
아마도 너를 기다리지 않았던 모양이다

오랜 갈망으로 검붉어지는 나날들
구석 얼음 씻겨 낸 방울들이
호수 바닥 가득 눈물로 채웠건만
휴일 적신 못내 아쉬움에
투덜투덜 심통만

풀잎에 상큼한 봄
아롱다롱 엮어 가는
생각건대, 지상의 소중한 기억으로 남았다.

옹달샘

계속되는 갈증의 계절
깊은 산속 골짜기가 아니어도
숲들의 사랑을 받는
생생한 꿈이 살아 흐른다
어디로 갈까? 가슴 태우는 염원
오래도록 계획한 일정 속에
산토끼가 언제든 한 모금 하길
간절한 기다림에
바다를 그리워하지 않더라도
실개천 따라 동해 넘어
태평양에 가려는 놀라운 힘
그 바위 속에서 파도를 잉태하고 있었다.

가을 미소

어디선가 들려오는
속삭이는, 그리고 밟는
낙엽들 움직임 소리

억새꽃 날리는 노을 속에
산산이 흩어지는 바람

불그스레한 볼 만지려다가
슬며시 입술 내밀며
어둠 속으로 황급히 사라지고
알 수 없는 흔적들이 뒹군다

거리에는 달빛 걸음 부산한데
한 잔 술에 그만 단풍 든 냉가슴
한낮의 그림자만 창가를 서성이고 있다.

추설(秋雪)

단풍잎 울긋불긋한 나뭇가지 위에
겨울님 사뿐히 내려앉아
차곡차곡 오가는 정을 쌓는다
겉옷 벗기려는 듯
야수 같은 북풍이 산허리 휘감고

가을님 보고픈 겨울님 성급함인가
지금 막 초야 치른 신방에
확 핀 하얀 꽃.

탄천의 새벽

아파트 숲에 둘러싸인 탄천
달빛 잠꼬대에 놀라
꿈 산책을 나가보았다

여름 공연을 앞둔 풀벌레 합창단들이
곳곳마다 밤샘 연습 중인데
더불어 이웃한 풀잎들도
흥겹게 춤을 추고 있다

사연 많은 땀방울이 배인 산책로에는
온종일 지친 심신을 위로하듯
가로등 불빛이 그림자를 드리운다
자장가 부르는 별님과
방금 전까지 지나갔던 얘기들을 주워 담고 있다

누군가 부르는 소리에
어둠 저편으로 몰려가면서
긴 침묵 깬 나
순간
동쪽 하늘이 문안을 드리고 있었다.

평야

새진 틈 샐 틈
알알이 담뿍

넘실대는 황금물결
풍요로운 대풍맞이

삽자루 들어 메고
옷자락 걷어붙이고
탄 얼굴 입가에
미소 살며시 머금은 농부

컬컬한 막걸리 사발에
근심스런 풍년가 담긴다.

가을에 만난 친구에게

언제부터 만났을까?
가을 벤치에서 우연히 만나
아련한 기억 속에서 꺼낼 사진은 없지만
지난봄 생각하며
겨울맞이 얘기 속에
마음의 잔 가득 붓는다

벼랑 끝에서나
그냥 쉬어 가고 싶을 때나
간절한 염원 지키며
넘어져도 가던 길 뒤돌아서서
꼬옥 일으켜 주고 싶다

어떤 비바람, 몰아치는 눈보라 속에서도
이보게, 친구야!
평생 깨뜨릴 수 없는 항아리에
행진 마음 하나 담고 싶다.

그 가을 카페의 단상

가을 문턱에 앉아 마냥 기다리네
신바람 불어올까
앞바람 불까
네온사인 춤추는 공간 속에
깊어가는 가을밤
울긋불긋 단풍 든 그녀는
홀로 맥주 가락 흥얼거린다

어떤 꽃이 입 벌려 하늘을 바라보고
꽃잎에 바람의 혀가 닿는 순간
노가리가 담장을 넘어
굶주린 뱀 혓바닥처럼 휘감는다

어디로 향할까
이리저리 바빠지는 눈동자
달콤한 불빛은 조는 척하고
이쯤에서 땅콩 한 알 입에 넣을까
한 잔 술 가득 부어도 목 말라
내겐 입술 적실 생수가 없는데
흐트러진 눈빛에 거칠게 녹아든다.

후회 없는 선택

너에게만 허락한 내 마음
언제든지 꼭 한 번만 살펴 주세요
망설이지 말고
찜만 하지 말고
아무나 선택할 수 있는 것은 아니니까
누구나 가질 수 없으니까
마음먹은 대로 찍고 찍어 가져 봐요
기회는 항상 오는 게 아닌데
절대로 후회하지 않을 건데
누군가 선택하기 전에
다 가져가기 전에
네가 처음 찍어 봐요
당신 먼저 가져 봐요
연습하지 말고
낙서하지도 말고
어서 빨리 찍고 찍어
당신만 사랑하니까요.

제5부
동행

둥지를 찾아서

–동수 형님, 행복하소서!

둥지 틀 곳을 찾다가
혼자만의 둥지가 아닌
우리 둥지를 찾고픈 소망
언제나 그 꿈 자나 깨나 꾸었지
새들이 노래하고 선선한 바람에 푸른 이파리 춤추는
숲 속의 공주가 미소 머금는 그곳
언제부터 반하였는지 알까마는
둥글둥글 떠오르는 달님 바라보며
해 달라고픈 투정, 해 주고픈 마음
밤새워 서로서로 얘기 나누었지
때로는 사탕 키스 때문에
우물우물 주저주저하다가
하염없는 느낌 안고
뜬눈 지새운 긴 시간 붙들기도 했었지
다시 태어나는 다짐 속에
이제는 지금이 늦었다는 순간을 잊고
마주 보며 함께할 수 있는
둘이서 한 송이 꽃 피울 수 있어서
너와 나, 하나로 모아 모아

빨간 접시꽃에 하나뿐인 사랑 가득 담았지
미소 속에 행복꽃 피우는.

가야랑*

어느 댁 안방이나 치마폭에
꼭꼭 숨어 있는
아니, 귀한 장식품처럼 모셔져 있었다
특별한 날, 특별한 사람들의 눈과 귀가 즐거운 날에
만
끌려 나오듯 주저앉아
눈이 퉁퉁 붓도록 울던 가락
도저히 넘볼 수 없는 풍류였다
그런데 우리들 무대에 당당히 섰다
통기타, 피아노처럼
드넓은 공간에서 느끼고 부를 수 있는
가야금이 가야랑 되어
그 정교한 손놀림과 혼 담긴 장단을 맞추고
관객의 엉덩이를 들썩여
손뼉을 가만두지 않는다
신 나는 박수 소리가 가속을 밟는다
서울인가 싶으면 부산
부산인가 싶으면 목포
새롭게 한라백두를 뒤덮는
가장 멀리 있는 눈빛이 가까이 다가와

눈 쌓인 가슴을 녹이고
비 내린 내 머릿속 촉촉이 말려 주고 있다.

*가야금을 타며 노래하는 최초의 쌍둥이 가수

영원히 지지 않은 행복꽃 피우길

–윤정한 군 • 이자랑 양의 결혼을 축하하며

그대는 지금 이 순간
조용히 핀 하늘땅을 안은 꽃이어라
어떤 태풍이 불어온다 해도
우주 대자연의 박수 속에
누구에게나 자랑할 수 있는
우리 가슴속에서 절대 지지 않은 어여쁜 꽃이 될 지어라

세상이 그대를 시험할지라도
언제나 변함없는 사람들 사랑을 듬뿍 받으며
그대 반쪽과 함께 그대 품 안에서
아름다운 행복을 가꾸는
큰 사랑으로 새 꿈을 창조하리라

다시 태어나는 삶이 언 땅의 미움을 녹이며
샘물 같은 사랑의 강을 흐르게 하는
햇살 맑은 미소 속에
아지랑이 같은 포근한 정을 피우면서
긴 겨울을 견딘 봄꽃을 피우리라

그대가 힘들면 그대가 힘이 되어 주고
그대가 기쁘면 그대와 기쁨을 나누면서
그대 곁에서 그대를 지켜주며
한 하늘 한 지붕 아래
그대와 더불어 한 밥상에서 두 손 맞잡고
영원한 행복을 맛보리라.

6월 그날을 생각하며
—6월 항쟁 20주년에

긴 어둠을 깬
새 아침이
구름 속에 홀로 서 있다.

반쪽 하늘의 아물다가 만 상처를 치유하지 못해
쉽게 분노하고 잊어버리는 중증을 반복하면서
용서와 화해를 모르고
배려와 인정을 나누지 못한 채
욕망의 배만 채우느라
자신만 내세우며 남을 탓하고
동지를 배신하고

아, 그토록 찾고 싶었던 당신
수많은 함성과
자유를 향한 숭고한 희생을
우리는 벌써 잊었단 말인가

다만, 당신께 바라는 것은
가슴에 맺힌 응어리를 풀어 달라는 것이 아니요,

이 땅에 4월과 오월, 그리고 6월을 낳게 한
억압과 탐욕의 역사가
다시금 되풀이되지 않고
동서남북이 하나 되는 하늘을 우러르며
그리워하고 보고파 하며 함께 살자는
간절한 소망뿐……
꼭 그렇게 이루게 하소서!

숭례문에 곡(哭)함

임진왜란, 병자호란, 일제 강점의 망령과
그리고 6·25 전쟁 국난 속에서도
늘 그 자리에서 한 점 흐트러짐 없이
민족의 역사와 만백성의 고락을 함께해 온
조선의 혼이여
위대한 수호신이여
600여 년의 장구한 삶이
불과 5시간 만에 그렇게 가셨단 말인가
정녕 화마가 순식간에 당신을 집어삼켰단 말인가
왜놈도 아니고
되놈도 아니고
백범이 가시듯 우리 손에 그렇게

1910년 8월 29일 경술 국치일에
이제는 2008년 2월 10일 문화 국치일까지
어떤 풍상과 국난 속에서도
그분은 600여 년 동안 희망의 불을 밝히며
우리 민족을 굳건히 지켜 왔는데
우리는 우리 스스로 국보 1호 당신을
불구덩이에 집어 넣고 타오르는 불길 속에서

서로 잘났다 네 탓만 한 채
숭고한 정신과 자존심까지 송두리째 태워 버렸다

오호통재라
삼가 엎드려 머리를 풀고
조상의 값진 유산을 지키지 못한
대죄를 피눈물로 곡(哭)하오니
엄중히 처결하시어
이러한 만시지탄이 다시는 일어나지 않도록 굽어 살피소서
서로 탓만 하는 이 망할 놈 고질병을 바로잡고
부흥창조의 모습으로 다시 태어나시어
억만년의 찬란한 문화를
꽃피울 수 있도록 보살펴 주소서!

바램

–친구 아들 쾌유를 기원하며

아들아 불멸의 태양처럼
밝은 미소에 정열의 웃음
언제나 가꾼 나날 잃어버리지 않고
뜨거운 가슴 열어 또 나누면서
따뜻한 빛의 세계를 이루시게

그 어떤 벼랑의 사이사이 틈
두루 어루만지는 마음
늘 간직한 길 굳건히 다지며
벌떡 일어나 너만의 꿈 맘껏 펼쳐보시게
아무리 험한 계곡일지라도.

동행 길에

–고교 동창 송년회에서

우린 이렇게 함께합니다
반가운 얼굴 늘 마주하면서
가슴속 모습을 꺼내 모아
우리는 지금 어깨동무를 하였습니다
단발머리, 까까머리 시절
배움의 향기 되새기고
스승의 깊은 사랑 되느끼며
먼 추억 뒹굴어 보는
교복에 담긴 그리움을 이 자리에 풀어놓습니다
보고픈 세월
하고픈 얘기가 많았던
인내한 감정을 흉금 없이 포개는 순간
너와 나 그리고 우리
그 뜨거운 체온에 살갑게 녹아들고
우정이 넘치는
변할 수 없는 마음을 나누는
언제든 또 만나자는 여운 속에
추억 통장 적금을 서로서로 가득 채워 줍니다
평생 함께할 순간 놓치지 않으면서.

고희연

-재홍 친구 어머님께 올립니다

어머니!
존경하옵고 사랑하는 어머님!!
이제사 작은 정성을 모아
밥 한 상 차렸습니다.
칠십 평생을
오형제의 행복을 마련해 주시고자
당신의 행복 다 버리시며
온갖 정성 던져 희생하시고
남몰래 눈물 삼키면서
오직 오형제 행복이
당신의 행복인 줄 아시고
슬퍼도 슬퍼하지 못하시며
기뻐도 기쁨을 참아내시면서
주름살만 그렇게 깊어가고
검고 곱던 새악씨 머리
하얗게 하얗게 ……
어매!
사랑하는 우리 어매
모든 것 다 잊으시고

당신의 행복만을 생각하세요.
저희는 다 압니다, 얼마나 사랑하셨음을
부디 만수무강을 기원합니다.

북해가에서

–박석제 친구 개업 축하와 발전을 기원하며

구석구석 찾아든 동해 물고기들이 춤춘다
쉼 없는 숟가락 반주에 엉덩이 들썩이며
식탁마다 허공을 메우듯
젓가락과 어깨춤을 덩실덩실

왁자지껄한 움직임 속에
꽉 찬 둥근 달이 미소 짓고
끊임없이 오가는 사람들
만남의 반김이 흥겨워라

올수록 다시 오고픈 주막에
풍악 소리 높이 날아
마시며 먹고픈 산해진미
어여쁜 꽃향기도 곱구나

혀끝을 스치는 그 맛
나를 붙잡는데
내일 아침 식탁을 어찌 마주할거나.

어머니 사랑합니다

–최기원 모친 고희연에서

어머니 불러봅니다
목청껏 불러보면서
온 가족이 한데 모여
당신께 큰절을 올리면서
우주를 넘어서는 사랑을 다시금 바라봅니다
생각해 보면
당신께 하염없는 눈물과 기다림을 드렸습니다
그 무엇으로도 숭고한 손길 어찌 알겠습니까마는
한 가지는 알 듯합니다
헝클어진 가슴에 바람이 불 때마다
한결같은 미소
그 사랑의 끈을 놓지 않았음을
사랑합니다 어머니
사랑합니다!
지금 이 순간처럼 영원히 부를 수 있도록
오래오래 사시옵소서!

첫돌에
-친구 박성룡 아들 의빈 돌

하늘 열어
이 땅의 큰 뜻 담아
걸음걸음 내딛고
백 년 길을 여네

네가 가는 길에
밝은 내일 비추며
세상의 디딤돌이 되옵고!

아가, 오늘 같은 기쁨으로
평생 사랑이 함께하는
너의 큰 복 이루거라.

기쁨을 함께한 날에

–친구 생일 축하하며

구름 한 점 없는
영원히 맑은 하늘
고향 같은 마음 모아
환희의 불꽃 태우고

다정한 눈빛에
쉴 새 없이 입술 나누는
축복의 하루

오늘 같은 날
또 있을까?

포근한 햇살이
너의 얼굴로
너의 가슴으로
마냥 쏟아지고 있었다.

희망

-〈대교〉지 제100호에 부쳐

가고픈 길은 여러 갈래
가야만 하는 길은
오직 하나
그 길!
종점 없는 미래를 향하여
셀 수 없는 아픔을 헤치며
산고(産苦)의 통증을 끝없는 축복 속에 담고
우리들 빈 공간
온몸으로 채워 준 사랑
때로는 기쁨에
어떤 날은 슬픔에
모두가 하나로 어우러져
진솔한 대화를 주고받고
흐르는 정에 갈채를 보내고
소박한 꿈 키워
이제 새롭게 또 태어난다
처음엔 일어설 줄 모르는
어린애인 줄 알았던 보살핌이
커가며 피어나는 빛이 되어

우리는 설레는 뭉클거림에
또다시 너를 기다린다.

잘 가게 친구

–고 김태헌님 영전에

우린 이렇게 울고 있는데
눈물이 마구 쏟아지는데
친구는 사나이 웃음을 짓는구나
뜨거운 불꽃이 타오르고
검은 연기가 화장터에 휘감아도
맑은 미소를 끊임없이 흘려보내며
왜 우느냐는 듯 다독이면서
이렇게 가고 싶지 않은 길
가야 한다며 손을 흔드네
애끊는 절규가 무등산 자락을 뒤덮고 있건만

한없이 사랑한 친구여!
북망산 가는 길이 멀고 먼데
어찌 홀로 가려는가
수많은 세월 할 일도 많고
아직 가슴에 품은 꿈 채 펴지도 못하고선
사랑하는 아내와 어여쁜 딸을 두고
설마 간다고, 정말 가려는가
그래, 잘 가게 친구

사랑과 우정을 진정 보여 주었던 벗이여!
우리는 그대와 함께 행복했습니다
부디 영원한 안식을 누리고 극락왕생하소서!

하늘나라로 먼저 간 후배에게

이게 뭔 말인고?
무슨 청천벽력의 소리인가!
네가 어떻게 되었다는 영등포경찰서로부터 급보
비 오는 날이라 전화가 혼선된 것인가!
요즘 경찰은 농담도 한단 말인가!

한걸음에 달려오니
에고 에고로다
착한 심성과 부지런한 열정으로
선후배의 신망을 한몸에 받은
정말 내가 사랑하는 후배 종수
바로 너로구나

설마 설마 했건만
제발 아니길 바랐건만
그곳에서 반기는 이가
에고 에고로다
뭐가 그리 바빠서
그렇게 황망하게 먼 길 가셔야 했는가?
가는 길 힘들고 외로울 텐데

난 이렇게 슬픈데
눈물이 나고 가슴이 찢어지는데
넌 그렇게 그곳에서 웃고 있구나
그래, 미안하다 종수야!
부디 잘 가라
극락왕생하여 사진에서처럼 웃거라.

이렇게 가야 했나요

-고 최진실님 추모

이렇게 가야 했나요
안 가면 안 되었던 가요
혼자서 가기는 너무나 먼 길인데
그렇게 가야 했나요

누구나 가는 길이지만
이토록 큰 슬픔만을 남겨놓고
그 무거운 짐 내리지 못한 채
벗들의 눈물 강 건너는
외로운 길을 택하였나요

무엇이 그리도 힘들었나요
힘들면 힘들다고
괴로우면 괴롭다고 하였더라면
그대 미소 속에 가려진 고통을 알고
시샘하지 않았을 텐데

당신이 세상에서 가장 사랑하는 아이들
그대를 그토록 사랑했던 수많은 가족들

다 어찌하라고
그들의 사랑을 시험해야 했나요

그대를 잃은 슬픔보다는
수 세월을 울고 웃던 명품 표정을
더는 볼 수 없다는 안타까움은 내 욕심인가요
떠나가는 발길 한없이 붙들고 싶은데
누가 그대를
이렇게 보냈는가요.

인연

마셨다, 시인과
먹었다, 술을
한 사람은 언어 마시고
한 사람은 침묵 먹고

둘이는 어둠 속을 걸었다
그렇게 네온사인 빛 사이로.

■해설

절제의 언어로 짠 연대의 끈

박 몽 구
(시 인)

정종연 시인은 남도 사람치고는 보기 드물게 조용조용한 성품을 지니고 있고, 작은 꽃 한 송이 피고 지는 변화에도 민감한 사람이다. 우리 사회에서 경쟁의 논리가 가장 첨예하게 부딪치는 분야 가운데 하나인 출판계에 20여 년이나 몸담은 사람임에도 불구하고 술자리에 앉아 보면, 가슴에 따뜻하게 깃들어 있는 친구 이야기며 구수한 고향의 기억과 함께 소줏잔을 기울이는 다감한 사람이다. 시인이 누구냐는 물음 앞에, 전봉건 선생께서 "시인은 모름지기 나이가 들어갈수록 어려지는 사람이다"라고 말씀하신 걸 보고 크게 공감한 적이 있다. 정 시인을 만날수록 그 같은 시인의 성정이 더욱 절실하게 다가온다.

이번 신작시집 『이렇게 마주 보고 있는데도』에 수록

된 시편들을 일독하면서 필자는 그의 성품이 고스란히 담겨 있음을 느낄 수 있었다. 물질문명이 날로 팽배해 가는 거리 풍경에 매몰되기보다 아스팔트 틈새에 피어난 제비꽃 한 송이에 마음을 빼앗기고, 경쟁이 날로 첨예화되어 가는 풍토 속에서 마음을 털어놓을 수 있는 이웃과 벗들을 따스한 끈으로 엮어가는 손길이 녹아 있음을 느낄 수 있었다.

서정시는 흔히 문예사조상의 낭만주의와 한 묶음으로 논의되기도 하는데, 이 사상은 영국의 산업혁명, 프랑스혁명 등으로 문명개화의 사상과 자유주의 정신의 고양과 질풍노도의 분위기가 고조되면서 본격화되기 시작하였다. 대체로 개인주의, 자연숭배, 원시주의, 중세와 동방에 대한 관심 등으로 표현된다. 뿐만 아니라 철학적 이상주의, 자유사상과 종교적 신비주의에 대한 역설적 경향, 정치적 권위와 사회관습에 대한 반항주의, 육체적 정열의 고양, 정서와 감정 자체를 순화의 경향 등이 나타나고, 초자연적이고 병적이고 우울증에 대한 계속적 유지경향 등으로도 정리될 수 있다.

따라서 근대 이후 들어 비로소 장르로서의 서정시가 확립되었음을 분명히 할 필요가 있다. 김준오의 경우에는 서사나 극과 구분되는 시정신은 단적으로 말해서 자아와 세계의 동일성에 있다고 지적한다. 그만큼 서정시는 근대 정신의 산물인 자아를 진술하고도 구체적으로 담아내는 장르라고 하겠다. 서정시의 개인의 희로애락의 감정 가운데서도 정제된 것을 풀어내는 형식이다. 또한 서정시의 장르적 특징은 무엇보다도 시 정신 또는 시적 비전이 시인 자신의 세계관과 동일선상에 있다는 것이다.

제임스 캘더우드(James Calderwood)에 따르면 시인이 의식적으로 자아와 세계의 동일성을 추구하는 방법은 동화(assimilation)와 투사(projection)이라는 두 가지 방법이다. 동화는 시를 통해 지은이의 감정과 유사한 정서를 조성하는 것이요, 투사는 시에 등장하는 서정적 자아에 감정이입을 통해서 자아와 세계가 일체감을 이루게 하는 것을 가리킨다고 하겠다.

홀로 서 있다가
서로 등을 기댄다
어디서부턴가 후끈거리고
강렬한 힘이 솟는다
그래, 지금 이 순간처럼
둘이 함께하면 좋겠다
기댈 수 있고
돌아서면 마주 볼 수 있어서
그렇게 살라고
사람 인(人)자가 생겼는가보다
무척이나 시린 날인데도
온몸 참 따뜻하다.

—「등에 기대다」 전문

단자화되고 파편화되고 즉물적인 사고로 점철되어 있는 거리 풍경을 대하는 시인의 태도를 잘 엿볼 수 있는 시이다. 화자는 그같이 살풍경한 세상 앞에서 '홀로서 있다가/ 서로 등을 기댄다/ 어디서부턴가 후끈거리고/ 강렬한 힘이 솟는다' 라고 말한다. 시리고 추운 날을 견디는 방법은 서로를 덜어내어 함께 살아가는 것이라는 것이다. 이것은 시인이 사막 같은 세상을 살아가는 방법을 암시하는 동화(同化)의 정서가 구현된 작품이라 하겠다.

함께 동행하면서 사막을 건너는 사유는 이번 시집 전체를 관류하는 주제라 해도 좋을 것이다. 또한 사람과 사람 사이의 끈이 끊어지고 가슴이 없는 세대에 대한 서정적 저항이라고 해도 좋을 것이다. 서정시는 근대 이후 정착된 장르로 세계와 자아의 일치를 통하여 시인의 세계관을 담아내는 양식이다. 자칫 일상과 대별되는 부드러운 정서의 구현이나 일상어와 구별되는 아어(雅語)를 능숙하게 구사하는 낭만주의와 연결되기 쉽다. 낭만주의는 중세적 엄격주의에 대한 반발로부터 비롯된 것이기도 하지만, 그 본질은 감정의 과잉이기보다 시민 정신에 입각한 건전한 비판이다.

정종연의 이번 시집에서는 시인을 둘러싼 사상(事象)에 대한 감정적 대처가 아닌 절제된 언어를 통한 정서의 세련미를 지향하고 있다. 또한 사전 구석에 숨어 있는 아어를 찾아 골몰하기보다 평범한 일상어의 재해석을 통해 새로운 의미 구축을 시도한 지난한 몸부림을 체감할 수 있다. 이것은 러시아 형식주의자들이 구축한 현대시의 미학과 긴밀하게 맥이 닿아 있기도 하다. 러시아형식주의를 발전시킨 체코 프라하학파의 이론가인 무카로브스키는 현대의 시인들에게 무엇보다도 고정 관념을 깨라고 말한 바 있다.

그는 '시어는 장식적(ornamental) 표현이 아니다', '미(beauty) 또한 시어의 변함없는 표시가 아니다', '감성적(emotive) 언어도 아니다', '시어는 구체성(concreteness)에 의해서 완전히 특정지어지지 않는다', '비유적(figurative) 성격도 무조건 시어의 특성이라고 말할 수 없다', '개성(individuality)까지도 일반적인 시어의 특징이 되지 못한다'고 주장한 바 있다. 그러면서 그는 시의 언어는 실제적 기능, 논리적 기능을 대립되는 미적 기능을 갖추어야 한다고 주장했다. 이로써 시의 언어와 일상의 언어가 결코 다르지 않으며, 일상어를 새롭게 배열하여 낯설게 하고 거기에 역동적 구조를 부여할 것을 강조하고 있다. 이렇게 볼 때 시는 오늘날 다양한 스펙트럼을 갖고 있음을 알 수 있되, 인간의 순화된 정서를 담고 있으며, 또한 압축적 표현으로 인간의 정신세계를 담아내는 장르라고 할 수 있다.

가로수에 그네들이 산다
푸르른 계절 우거진 나무들
도심 한복판에 집 한 칸 마련하고

스스로 단란한 둥지를 튼다

사람들이 오가고 붐비는
택시가 달리고 버스 지나가는
아이들 뛰어노는 모습

다 바라볼 수 있는 공간

바람이 짓궂게 건드는 조심스런 일상 속에
무심히 놀다 가는 구름을 바라본다
부채질해 주는 이파리들 사이로
이글거리는 태양의 눈빛 피하며
새들과 흥겹게 노래한다

안도할 수 없는 동거

–「가로수 둥지」 부분

흰 눈을 만들다가 실패하였는지
방울방울 도망쳐 나온다
줄줄이 쏟아지는 아우성
밤새 긴 탈출 이어지고
며칠 간격으로 웅덩이가 만들어지고 있다
어떤 날은 봄인가 싶기도 하여
햇살에 맨살을 보여 주기도 했다
목 탄 대지는 벌컥벌컥 들이켜 푸릇푸릇한데
봉숭아물이 선명한 손톱을 만지면서
아이는 눈사람을 기다리고 있다
미끄러지듯 설원을 나는

어른거리는 낯선 꽃송이를 꿈꾸지만
공중에서는 구름이 훌쩍이고 있었다.

—「겨울비」 전문

위에 든 두 편의 시들에 보듯이, 정종연은 자칫 수사적 과잉에 기대지 않고 언어의 절제를 통하여 시적 의도를 내면화해 가고 있다. 화자는 매연이 풀썩일 뿐더러 언제 가지가 잘려나갈지 모르는 가로수 위에 둥지를 튼 까치 가족을 조심스럽게 들여다보고 있다. '가로수에 그네들이 산다/ 푸르른 계절 우거진 나무들/ 도심 한복판에 집 한 칸 마련하고/ 스스로 단란한 둥지를 튼다' 라고 말함으로써, 험난한 도시에 둥지를 튼 가족에게 관심을 보인다. 화자는 새의 이름을 거명하는 대신 '그네' 라고 지칭함으로써 날로 높이 치솟는 빌딩숲에 끼어들지 못한 채 변방에서 연명해 가는 무허가 거주자들을 환유(換喩)하고 있다. 화자는 나아가 '다 바라볼 수 있는 공간' 과 '안도할 수 없는 동거' 를 병치(竝置)해 놓음으로써, 동시대를 살아가는 사람들이 그 같은 현실을 목도하고서도 치지도외하는 모순을 직시하고 있다. 이것은 도시의 살풍경이 걷히고 함께 살아가는 인간단지가 되기를 갈망하는 시인의 내면을 대변하는 레토릭이다. 하지만 큰 소리를 내어 외치는 대신 절제되고 명징한 시어를 통하여 표현하고 있는 점이 인상적이다.

뒤의 시 역시 잔잔한 겨울 풍경 묘사를 통하여 제 철

을 기대하기 어려운 기후 변화에 대한 우려를 담담하게 담아내고 있다. 화자는 '흰 눈을 만들다가 실패하였는지/ 방울방울 도망쳐 나온다/ 줄줄이 쏟아지는 아우성' 이라고 언술함으로써 순환의 철리를 어기고 서둘러 찾아든 수상한 봄에 대해 불편한 심기를 드러낸다. 겨울 빗소리를 '아우성' 으로 은유함으로써 반갑기에 앞서 제자리로 돌아가야 할 계절에 대한 강한 갈망을 형상화하고 있다. 반전 부분에서 '목 탄 대지는 벌컥벌컥 들이켜 푸릇푸릇한데/ 봉숭아물이 선명한 손톱을 만지면서/ 아이는 눈사람을 기다리고 있다' 고 언술하고 있는데, 이는 봄에 대한 반가움의 표시라기보다, 칩거와 모색의 시간을 갖고 싶은 심정을 나타내는 아이러니적 표현이다.

이와 함께 이번 시집에서 정종연이 도시적인 것이 아닌 자연을 즐겨 제재로 다루고 있는 점들도 눈에 띈다. 서울살이 20여 년을 넘기는 그이지만 도시적인 소재를 다루기보다 그의 정신적 뼈대가 되어준 고향에 대한 기억, 교외 산길을 가다가 마주친 들꽃에게 마음을 빼앗긴 경험 등을 즐겨 소재로 다루고 있다. 서울 한복판에 자리잡은 출판사에서 종이의 결을 만지고, 인쇄 잉크 냄새를 맡으며 살아가고 있는 그의 삶을 감안하면 언뜻 어울리지 않는다는 느낌이 들기도 한다. 하지만 곰곰이 그의 시를 읽다 보면 의외로 진의는 다른 데 있음을 알게 된다. 날로 첨단화되어가고 비인간화된 플라스틱의 살결

만이 만져지는 도시와의 불화의식을 즉물적으로 펼치기보다 아마도 대안적인 정서의 구축에 더 관심을 갖고 있지 않나 하는 느낌이 그것이다.

아파요
난 지금 몹시 불편해요
어디가 아픈지 모르지만
당신께만 말할 수 있어요
시간이 지나면서 알았어요
날이 갈수록 깊어 간다는 것을
의사의 진찰도 소용없고
약사도 처방할 수 없는
허준, 대장금의 진맥도
나 스스로도 모르겠어요
다만, 그대 위해 그 무언가를 하지 않으면
창자가 끊어질 듯한 통증

오직
당신만이 나의 주치의입니다.

—「알 수 없는 병」 전문

아무도 알아주지 않는
이름 없는 들꽃이 되어도
풀잎과 어깨동무하고
조용한 바람의 연주에 춤춘다

아이들이 꺾고

또 뽑으려 해도
농부가 잡초라 해도
흔들리지 않은 미소

보릿고개 넘던 시절
뜨끈하게 배를 채워 주던
곤드레만드레처럼
외로운 들판에서 날 반긴다.

–「엉겅퀴」 전문

앞의 시가 첨단화, 자동화된 도시에서 자정력을 잃은 채 타성적인 삶을 꾸려가는 도시인의 초상이라면, 뒤의 시는 그 같은 '알 수 없는 병'을 치유하는 길을 모색하는 도정을 찾아 구도행을 지속하는 살아있는 자의 초상이라고 할 것이다. 화자는 스스로 자신을 진단하여 '난 지금 몹시 불편해요/ 어디가 아픈지 모르지만/ (중략)/ 날이 갈수록 깊어 간다는 것을/ 의사의 진찰도 소용없고/ 약사도 처방할 수 없는' 병을 시달리고 있다고 고백한다. 여기서 '병'은 육체적인 질환이라기보다 비인간화된 도시 문명과의 불화 의식을 환유하고 있다. 화자는 그것이 '날이 갈수록 길어진다'고 말함으로써 전인적인 삶을 꾸려갈 수 없이 단자화된 도시적인 삶에 오랫동안 끌려왔음을 밝히고 있다. 보들레르는 시인을 가리켜 불에 델 것 같은 도시 문명의 화급성과 화합하지 못한 채 거리를 두고 바라보는 '산책자'로 명명한 바 있지만 정종연의 사유도 그것과 뿌리를 같이하고 있다. 또한 그같이 정체를 모르는 불화 의식을 겪는 사람을 화자 자신에 한정하지 않고 널리 열어놓고 있다는 점에서, 제유(提喩)적 사유를 바탕에 깔고 있다고 볼 수 있다.

화자는 대결 의식의 표출보다 대안적 사유를 펼침으로써 불구의 도시를 치유하려고 시도한다. 아무도 일부러 가꾸려 들지 않아도 들판에 만개한 엉겅퀴를 통해 발빠르게 경쟁에 골몰하는 도시에게 느림의 미학을 귀띔해 주고 있는 셈이다. 화자는 '아이들이 꺾고/ 또 뽑으려 해도/ 농부가 잡초라 해도/ 흔들리지 않은 미소' 라는 구절을 통하여 덜어냄의 사유와 공생의 미학을 펼쳐 보인다. 엉겅퀴는 뽑는다 하여도 죽는 것이 아니라, 무릇 주위의 식생들에게 골고루 양식이 되는 삶을 살아가는 것을 보면서, 시인은 참다운 공생의 정신을 견인해내고 있는 셈이다. 남의 자리를 탐하지 않고 제 분수를 지켜가며 이웃들에게 뺄셈 아닌 덧셈의 삶을 꾸려가고픈 마음을 시인은 들꽃의 생태를 빌어 노래하고 있는 셈이다.

또한 정종연의 이번 시집에서 빼놓을 수 없는 시편들은 그의 삶 구비구비에 반려가 되어준 이웃들에게 건네는 헌사로 씌어진 시편들이다. 흔히 헌시, 행사시 등은 성급한 목적성이 앞선 나머지 성공작이 드문 편이다. 하지만 이번 시집에 수록된 그의 시들은 그런 목적시들과는 다르게, 가난하고 질박한 삶을 꾸려가는 이웃들과의 따스한 연대 의식이 바탕에 깔려 있어서 색다른 맛을 선사하고 있다. 즉 거창한 이념의 전달이나 판에 박은 목표 의식을 담고 있기보다, 그의 삶이 어려운 고비를 만날 때마다 손을 건네주고 함께 어두운 밤을 보내준 이웃들의 진솔한 삶, 그리고 그에 화답하는 시인의 내면을 담고 있다는 데서 잔잔한 감동을 불러일으키고 있다.

둥지 틀 곳을 찾다가
혼자만의 둥지가 아닌
우리 둥지를 찾고픈 소망
언제나 그 꿈 자나 깨나 꾸었지
새들이 노래하고 선선한 바람에 푸른 이파리 춤추는
숲 속의 공주가 미소 머금는 그곳
언제부터 반하였는지 알까마는
둥글둥글 떠오르는 달님 바라보며
해 달라고픈 투정, 해 주고픈 마음
밤새워 서로서로 얘기 나누었지

-「둥지를 찾아서」 부분

반쪽 하늘의 아물다가 만 상처를 치유하지 못해
쉽게 분노하고 잊어버리는 중증을 반복하면서
용서와 화해를 모르고
배려와 인정을 나누지 못한 채
욕망의 배만 채우느라
자신만 내세우며 남을 탓하고
동지를 배신하고
(중략)

다만, 당신께 바라는 것은
가슴에 맺힌 응어리를 풀어 달라는 것이 아니요,
이 땅에 4월과 오월, 그리고 6월을 낳게 한
억압과 탐욕의 역사가
다시금 되풀이되지 않고
동서남북이 하나 되는 하늘을 우러르며
그리워하고 보고파 하며 함께 살자는
간절한 소망뿐 ……
꼭 그렇게 이루게 하소서!

－「6월 그날을 생각하며」 부분

목소리가 별로 커 보이지 않는 두 편의 시들을 골라 보았지만 새삼 세파의 험난함은 서로 영혼의 통로가 열려 있는 이웃들과 함께 타고 넘는 것이라는 점이 실감난다. 화자는 이웃들과의 연대에 대해, '혼자만의 둥지가 아닌/ 우리 둥지를 찾고픈 소망/ 언제나 … 자나 깨나 꾸'는 꿈이라 은유한다. 단자화되고 물질이 우선하는 도시에 맞서서 진정한 소통의 공동체 건설을 모색하는 것이라고 말한다. 그 같은 연대는 자신을 먼저 내세우기보다 가시관의 계절을 묵묵히 견디며 살아가는 이웃을 먼저 배려하는 이타 정신을 바탕으로 확산되기 마련이다. 그런 점에서 정종연은 보기 드물게 얼음으로 에워싸인 서울에서 따스한 섬과 섬을 연결해 가는 거점과 같은 정신을 지닌 사람이다.

그 같은 그의 이타행은 개인적인 차원으로 머물지 않

고 대승적 역사 바로 세우기의 정신으로 이어짐을 살펴볼 수 있다. 6월 민중항쟁 20주년에 즈음하여 씌어진 아래의 시는 그런 정신적 성숙을 엿보게 해준다. 화자는 분단의 현실을 가리켜 '반쪽 하늘의 아물다가 만 상처를 치유하지 못해/ 쉽게 분노하고 잊어버리는 중증을 반복하' 는 일이라고 진단한다. 그리고 이 시대의 아벨들이 심지어 생업마저 버리고 거리에 서는 것은 일신의 영달을 위한 것이 아니라, '억압과 탐욕의 역사가/ 다시금 되풀이되지 않고/ 동서남북이 하나 되는 하늘을 우러르' 는 일이라고 힘주어 말한다. 그의 이 같은 시는 역사는 이처럼 평범한 이들의 자각과 연대를 통해 깨끗한 새벽을 열어가는 것에 다름 아니라는 믿음을 준다.

정종연은 결코 큰 소리를 치는 법이 없이 그를 비롯한 우리 시대가 사생아처럼 키워가는 도시적 삶을 반성의 눈으로 직시하고 있다. 그는 자신의 세계관이 오롯이 담지된 서정을 구사하고 있지만 센티멘털한 정서에 침윤되지 않는 가운데, 절제된 언어를 통하여 단자화되고 탐욕이 만연된 세계를 향하여 소통의 길을 열어가고 있다. 그것은 목소리가 작고 질박하게 살아가는 사람들과의 연대를 통하여 실현된다는 것을 절감하게 해준다. 앞으로 그의 명징한 이미저리를 동반한 시상과 다의성을 지닌 서어들을 담금질한다면 더욱 큰 진경을 보일 것이라 전망한다. 그가 훌훌 짐을 벗고 새로운 시의 세상을 열어가기를 기대하면서 작은 논의를 마친다.

이렇게 마주 보고 있는데도

찍은날 2011년 1월 5일
펴낸날 2011년 1월 10일
지은이 정종연
펴낸이 박몽구
펴낸곳 도서출판 시와문화
주 소 (431-821) 경기 안양시 동안구 비산동 572
꿈에그린아파트 103동 204호
전 화 (031) 452-4992
E-mail poetpak@yahoo.co.kr
등록번호 제2007-000005호 (2007년 2월 13일)

ISBN 978-89-959255-9-1(03810)

정 가 8,000원